Dr Marron,
Jacques Bouhours
Jeannie Bouhours
Sous de grad. de
Eug. de Marquand.

EUGÈNE de MASQUARD
Dr MARRON, JACQUES ET JÉRÈMIE BONHOMME

QUESTIONS DU JOUR

MURAILLE DE CHINE
LA COMMISSION DES DOUANES
et celle des
POMPES FUNÈBRES
ou
SPECTRES, POLITICISME ET CORBILLARD

5e Édition augmentée de :

LA SITUATION ACTUELLE — LETTRE AU CONSEIL MUNICIPAL DE PARIS — UN TOAST

Est-il indifférent pour une nation de vivre en travaillant ou de mourir en empruntant ?

PROUDHON, *Contradiction économique ou Philosophie de la misère.*

PRIX : **50 centimes**

PARIS
CHAMUEL, ÉDITEUR
5, Rue de Savoie, 5

1898

DÉDICACE

A la Société d'Economie politique nationale

Pour l'honneur qu'elle a bien voulu me faire en m'associant à ses travaux, au titre de membre correspondant, — je dédie la nouvelle édition de cet opuscule, augmentée d'un appendice résumant l'état actuel de la question économique qui sera le sujet des études de la nouvelle société, dont personne n'a salué la naissance avec plus de satisfaction ; car je fonde sur ses efforts intelligents les plus grandes espérances pour le relèvement de l'agriculture et de la prospérité nationale.

Sur la brèche depuis 50 ans, je puis affirmer que nos adversaires ne lui tiendront aucun compte de la modératien intempestive qu'elle pourrait apporter dans la lutte.

Entre nationaliste et anti-nationaliste, il ne peut y avoir de profitable qu'une guerre d'extermination, non de personnes, mais de principes.

Dans un grand nombre de publications auxquelles la presse ploutocratique a appliqué rigoureusement la conspiration du silence, j'ai prouvé avec une grande abondance de preuves que toutes nos décadences, tous nos malheurs politiques et sociaux ont pris leur source dans le monopole d'enseignement dont jouissent les adeptes de l'école darwinienne, individualiste et païenne de Manchester.

La destruction de ce monopole est, je ne cesserai de le dire, le *cartago delinda* du relèvement matériel et moral de la France, comme je l'ai prouvé, notamment, dans mes dernières publications. *Étude de sociologie pratique* et *Réponse d'un borgne cocasse à un aveugle classique;* attaque un peu vive à laquelle nos vaillants adversaires, à court de bonnes raisons jugent prudent de ne rien répondre, sauf M. E. Brelay qui critiqua longuement dans *Le Monde Économique*, la première de ces deux brochures mais qui ne s'y laissera plus prendre, étant trop malade dit-il, pour continuer la lutte avec moi ; et qui, au reste, prétend, comme ses amis, qu'il ne comprend rien à la langue que l'on parle à Saint-Césaire.

Et en effet parler : justice, égalité, devant les douanes, intérêt national, c'est du sanscrit pour les défenseurs des intérêts étrangers et de la spéculation.

Quelques esprits portés à une conciliation dangereuse prétendent que le monopole dont je parle n'existe pas, qu'un certain nombre de professeurs de l'Etat enseignent depuis longtemps des doctrines contraires à celle de l'économie politique classique, entre autres M. Ch. Gide. Sauf pour ce dernier, j'ai le tort d'ignorer les doctrines de ces professeurs; mais pour le savant professeur de l'Ecole de Droit de Montpellier, on verra dans le cours de cette étude qu'il est un libre échangiste des plus convaincus.

Cette réédition faite à son intention est un premier tribut de bienvenue payé à la nouvelle société ; le second sera une note contenant quelques renseignements puisés aux sources les plus autorisées : Commandant Riondel, membre du Conseil supérieur de la Marine; J. Pétrier, directeur du *Colbert* de Marseille, organe des Capitaines au long cours ; Dr Lancry de Dunkerque, un autre vaillant défenseur des marins, etc., renseignements sur la question à l'ordre du jour de la prochaine séance du 9 mars : *la Marine marchande*, que les primes ont fait descendre du deuxième rang qu'elle occupait autrefois sous le régime de la surtaxe du tiers pavillon, au 8me et même peut-être au 9me rang qu'elle occupe aujourd'hui. Résultat désastreux qui coûte, chaque année, je ne sais combien de millions aux contribuables. Il n'en peut être autrement du détestable système des primes a quelle industrie ou culture qu'on les applique.

Avec mes remerciements, je prie mes éminents collègues d'agréer les vœux sincères que j'adresse à Dieu pour qu'il maintienne leur courage à la hauteur de la grande et utile tâche qu'ils viennent d'entreprendre et dont je connais depuis longtemps les immenses difficultés.

E. de M.

St-Césaire-les-Nines, le 1er mars 1898.

QUESTIONS DU JOUR

Est-il indifférent pour une nation de vivre en travaillant ou de mourir en empruntant?

PROUDHON, *Contradiction économique ou philosophie de la misère.*

Cette petite Etude qui eut plusieurs éditions importantes, fut publiée pour la première fois dans le *Petit Républicain du Midi*, de Nîmes, en avril 1891.

A cette époque la Chambre discutait depuis près d'un an un nouveau tarif de Douanes, et plusieurs grands journaux parisiens s'étaient adjoint un rédacteur spécial qui traitait la question économique dans un sens qui n'était pas toujours conforme à l'opinion du journal, comme on le verra par la *Bataille*, citée plus loin et d'abord par l'organe ci-après :

La République Française

ou du moins son rédacteur économique, aime à exercer sa verve caustique sur le dos des gens de Saint-Césaire, en leur prêtant des méfaits dont ils ne sont pas coupables, ce qui nous oblige à protester comme nous l'avons déjà fait lorsque ce même rédacteur disait, comme conclusion d'un assez long article qu'il avait bien voulu nous consacrer : « Saint-Césaire se lève, nous sommes perdus ».

Dans le numéro du 5 mars 1891, de *la République française*, on lit :

« Notre dernière *Revue de la presse économique*, à mis » Saint-Césaire en émoi. Il y a eu malentendu comme on va » le voir :

» Il résulte, en effet, d'un tas de papiers qu'on nous envoie, » que « Saint-Césaire, redoublant d'efforts nous sommes » sauvés »; que « M. Pasteur est un charlatan qui a donné » la colique aux vers à soie ».

Nous n'avons jamais dit cela; lorsque M. Pasteur s'en est occupé, les vers à soie avaient déjà la colique qui leur avait été donnée par le chimiste Dandole et ses disciples, en propageant des procédés d'élevage trop artificiels (1).

(1) Voir *les Maladies des vers à soie* et les moyens de les prévenir, chez Chamuel, éditeur, 5, rue de Savoie, Paris, 1 fr. 75. (2 fr. *franco*, très rare).

Ce que nous avons affirmé, et nous le prouverons de nouveau, c'est que l'illustre académicien ne les en a pas plus guéris, qu'il ne guérit aujourd'hui de la rage, dont les victimes sont plus nombreuses que jamais (1).

« Que pour rendre l'agriculture prospère, il ne lui faut point de protection ; mais le droit commun devant les douanes, et que les vrais protectionnistes que l'on combat à Saint-Césaire sont M. Léon Say et M. Leroy-Beaulieu ».

Sur ce dernier point *la République Française*, dans le cours de son excellent article, nous donne raison en constatant que le soi-disant libre échangiste Leroy-Beaulieu, grand viticulteur de l'Hérault, réclame une majoration de 900 0/0 sur les droits frappant actuellement à leur entrée en France les vins étrangers et il en est de même, on le sait, de tous les soi-disant libre-échangistes de Paris, Lyon, Marseille, etc. qui demandent des majorations sur les produits étrangers qui leur font concurrence, tout en continuant à demander l'entrée en franchise des produits qu'ils emploient.

Si le rédacteur de *la République Française* a assisté aux débats de la Société des agriculteurs de France, au Grand Hôtel, il aurait vu que presque tous les orateurs ont demandé pour l'agriculture le *droit commun, l'égalité devant les douanes ;* car, c'est au moyen des inégalités douanières que cette malheureuse industrie a été en grande partie ruinée.

Malgré les observations qui précèdent, les cultivateurs de Saint-Césaire n'en félicitent pas moins *la République Française* de la ligne économique qu'elle suit depuis quelque temps et de son intelligente défense des intérêts nationaux. Malheureusement son rédacteur en chef,

M. Joseph Reinach,

rapporteur du budget de l'agriculture à la Commission du Budget, semble ne pas vouloir suivre cette ligne et rester à l'ennemi.

Après une précipitation de mauvaise augure, la Commis-

---

(1) Autrefois il mourait en moyenne 25 personnes par an de la rage, aujourd'hui il en meurt plusieurs centaines dans le seul département de la Seine. Et les cas sont nombreux comme celui du facteur rural Rastoul qui, légèrement mordu à travers deux pantalons par un chien et ayant suivi, par ordre de ses chefs, le traitement antirabique, mourut bientôt de la rage, tandis que son compagnon de route, mordu gravement par le même chien, à travers un seul pantalon et ayant refusé d'aller à l'institut Pasteur, n'éprouva aucune suite fâcheuse de la morsure. (Voir le *Journal de Médecine de Paris* et autres journaux ndépendants).

sion du Budget, dans une de ses premières séances, après la nomination du rapporteur des crédits supplémentaires, le président de la commission a saisi ses collègues du projet sur les primes à allouer aux sériculteurs en remplacement des droits compensateurs qu'ils demandent sur les cocons, les soies et les soiries de provenance étrangère.

MM. Jamais, Maurice Faure et Cavaignac, ont insisté pour que la Commission du Budget ne fût pas appelée à prendre parti sur la question, et à fournir ainsi un argument aux adversaires du droit sur les soies, en se prononçant pour un projet qui est jugé par les sériculteurs, insuffisant et même nuisible.

M. Reinach estime au contraire qu'il convient que le projet soit rapporté, afin que la Chambre sache bien que, si elle repousse les droits sur les soies, elle aura la ressource des primes *pour accorder à la sériculture la protection légitime qu'elle mérite*, protection qui, au dire du savant et expérimenté séricologiste, directeur de *la République Française*, sera plus efficace que le vote d'un droit sur les soies.

Naturellement MM. Jonnard, Burdeau et autres rurophobes ont appuyé M. Reinach. Finalement la Commission du Budget a repoussé la motion de M. Jamais, qui demandait avec raison que le rapport ne fût présenté à la Commission qu'après le vote de la Chambre sur la question des soies, et donnant raison à M. J. Reinach, l'a chargé de présenter son rapport dans le plus bref délai.

Et les journaux annoncent ces jours-ci que M. J. Reinach vient de partir pour l'Ardèche afin d'y étudier la question sur place.

Des gens qui ne sont pas de leur siècle de progrès, s'étonnent que M. le rapporteur du Budget de l'agriculture ait quelque chose à apprendre à propos d'une question sur laquelle il s'est montré si affirmatif.

Si M. Reinach affirme que la protection par les primes serait plus afficace pour les sériculteurs que la justice et l'égalité devant les douanes, c'est qu'il en est suffisamment convaincu.

Jamais un politicien, surtout parisien, ne sera surpris, comme l'avocat de la ronde, « d'avoir tant étudié sans avoir rien appris ». Le politicien, qu'il soit avocat ou journaliste, est convaincu « d'avoir tout appris sans avoir rien étudié », et ses électeurs en sont convaincus comme lui, puisqu'ils l'ont pris dans le tas, sans s'inquiéter de ses connaissances techniques, pour lui faire trancher toutes les questions qui peuvent se présenter.

Et voilà pourquoi M. le directeur de *la République Française* est rapporteur pour — ou mieux — contre l'Agriculture à la Commission du Budget.

Quant à son voyage dans l'Ardèche, — de même que M. Jonnart rapporteur de la sériculture à la Commission des Douanes, a trouvé bon, d'étudier la question en allant banqueter à Lyon avec les importateurs de soies et soieries, M. Reinach trouve non moins agréable d'aller étudier la question en banquetant avec les mouliniers de l'Ardèche *promoteurs des primes*, bonnes pour les éducateurs et les filateurs et mauvaise pour les mouliniers qui réclament un droit de 3 fr. par kil. pour les soies moulinées étrangères (1).

Et à son retour, M. Reinach, pourra, en toute vérité, affirmer à la Commission du Budget et à la Chambre, que toutes les personnes qu'il a vues dans sa tournée d'études, préfèrent le régime des primes à des droits compensateurs ; et la Chambre convaincue ne pourra plus hésiter à repousser les droits sur les soies grèges et les cocons, mettant ainsi en dehors du droit commun éducateurs et filateurs ; injustice qui, je ne cesserai de le dire et de le prouver, entraînera la ruine de la sériciculture toute entière : mouliniers et tisseurs au profit de la féodalité financière cosmopolite dont les innombrables avocats ne cessent d'agiter devant les yeux du public

Le Spectre des Représailles,

comme s'ils ne savaient pas que nous n'avons rien à craindre de personne à ce sujet :

1° Parce que la France, grâce à la beauté, à la variété de ses climats, à la fertilité de son sol, s'il était convenablement fumé, à l'énergie et à l'intelligence de ses habitants, un peu trop crédules seulement, est, de toutes les nations du monde, celle qui pourrait le mieux se suffire à elle-même.

Si, en 1860, au lieu d'ouvrir nos frontières, nous les avions complètement fermées par cette muraille de Chine, avec laquelle les antinationalistes cherchent à ridiculiser les timides défenseurs du travail national, nous n'aurions pas été obligés de payer, chaque année, depuis lors, un milliard et plus, pour solder notre compte de travail avec l'étranger : soit 30 milliards environ qui ont aidé à nous faire la plus forte dette nationale qui existe de par le monde.

---

(1) Droit qui leur fut accordé contre toute justice, pour les détacher de la cause commune.

— Une muraille de Chine ! mais nous serions tous comme le rat dans un fromage !

— On nous dira : mais notre commerce d'exportation deviendrait impossible ?

— Ce serait un grand malheur certainement ; mais il vaut mieux perdre le marché de 3 milliards que nous offre l'étranger que de lui sacrifier un marché de 38 à 40 milliards. Nous ne sommes pas prohibitionnistes, ni même protectionnistes à Saint-Césaire ; mais, en gens pratiques, nous savons, entre deux maux, préférer le moindre.

— Et tous ces grands négociants qui vivent du commerce d'exportation ?

— On leur donnera des primes et ils élèveront des vers à soie avec des plants de mûriers à bas prix, des graines officielles a. g. d. g. à 3 fr. l'once, se mettront filateurs avec des primes de 400 fr. par bassines ; ces professions vont devenir excellentes, comme le prouvera M. Reinach à son retour de voyage.

— Mais notre marine marchande ?

— Nous nous en passerons (1).

— Et notre marine de guerre, comment fera-t-elle pour se recruter ?

— Nous nous en passerons également, et ce sera une grande économie.

— Mais sans vaisseaux de guerre les étrangers viendront débarquer sur nos côtes et nous envahir ?

— Notre muraille de Chine derrière laquelle nous serons avec tous nos soldats que nous n'aurions plus besoin d'éparpiller aux quatre coins du monde, saura bien les arrêter et il leur sera bien plus difficile alors de nous dépouiller de notre argent, qu'ils le font aujourd'hui, sans tirer un coup de fusil, mais grâce aux lois de douanes que nous avons eu la sottise de faire en leur faveur.

— Nous devrons donc renoncer à nos colonies ?

— Pour ce qu'elles nous rapportent ! (2).

Si les trente milliards que nous avons payés à l'étranger depuis 1860, et tous les millions que nous avons dépensés pour nous créer au loin des débouchés, remplaçant le

---

(1) Nous nous en passons déjà en grande partie, vu que nos transports maritimes sont de plus en plus chaque jour accaparés par l'étranger depuis la suppression de la surtaxe du tiers pavillon et son remplacement par des primes qui ont fait descendre notre marine marchande du 2me rang au 8me et même au 9me rang.

(2) Ce ne sera pas la conquête du Dahomey ni celle de Madagascar qui ont eu lieu depuis, qui pourront démentir mon dire. Et combien faut-il être Parisien pour croire que nos campagnards, qui ne veulent plus cultiver la terre sous notre beau climat de France, iront la cultiver dans des pays malsains.

marché national envahi par les produits étrangers, si tout cet argent eût été employé en canaux d'irrigation, en engrais, en améliorations agricoles, le sol de la France produirait aujourd'hui une si grande quantité d'aliments que toutes nos industries ne seraient pas forcées de s'expatrier, pour courir après la main-d'œuvre à bas prix, dans les pays où, l'agriculture ayant moins été sacrifiée, la vie est moins chère, comme en Suisse, en Italie, en Allemagne, en Chine et partout (1).

Je n'en finirai plus si je voulais énumérer tous les avantages que nous procurerait une muraille de Chine; malheureusement l'état de nos finances nous empêche de songer à une si vaste construction, d'autant plus que, même sans nous isoler de cette façon, nous n'avons pas de représailles à craindre, comme je l'ai dit.

2° Parce que, si nos tarifs incomplets et inégaux laissent une large marche pour des majorations, les tarifs étrangers n'en laissent aucune vis-à-vis de nous, comme on va le voir, pour les soieries en particulier, par l'extrait suivant du manifeste communiqué aux journaux de Lyon par le

Comité des Chambres syndicales ouvrières

manifeste qui prouve combien j'avais raison en disant dans mes *Etudes d'Economie sociale*, page 405 :

Ce ne sera jamais Lyon-ville et même Lyon-campagne qui repousseront les droits compensateurs sur les tissus étrangers, mais bien Lyon-Suisse, Lyon-Allemagne, Lyon-Chine et Japon. »

Voici les passages principaux du dit manifeste :

« Il ne reste donc que l'établissement d'un droit sur les tissus étrangers entrant en France. »

« Quelle est l'importance des importations étrangères en tissus de soie pure, puisque les soieries mélangées subissent actuellement des droits de douane? » De 1867 à 1876, la moyenne annuelle des importations étrangères a été de 528.000 kilos.

« De 1877 à 1886, la moyenne annuelle s'est élevée a 1.079.400 kilos soit une augmentation dans ces dix dernières années 550.800 kilos, c'est-à-dire plus du double.

« De 1887 à 1889, les importations des soieries pures étrangères passent à la moyenne annuelle de 1.550.900 kilos avec une augmentation sur la moyenne précédente de 261.500 kilos.

« Voyons maintenant notre exportation pendant les mêmes périodes :

« De 1867 à 1876, moyenne annuelle 2.480.100 kilos.

« De 1877 à 1886, moyenne annuelle 1.889.500 kilos.

(1) Voir dans : *Etudes d'Economie sociale*, p. 277, *Les Chinois et la Crise économique*.

« Soit une diminution de 1.150.600, ce qui représente une perte de près de moitié.

« Ces chiffres, provenant de documents officiels, se passent de commentaires, car ils établissent surabondamment qu'à mesure que l'importation des tissus étrangers en France augmente, nos exportations diminuent.

« Mais, nous objecte-t-on, si vous frappez d'un droit les soieries étrangères, il y aura certainement des représailles.

« Notre réponse est bien simple; elle est toute entière dans les chiffres suivants fournis par notre Chambre de Commerce, relatifs aux taxes actuellement en vigueur et établis par les nations étrangères contre la pénétration des soieries françaises sur leur territoire, chiffres que nos adversaires n'ont jamais livrés à la publicité.

« Tandis que les tissus de soie pure, fabriqués à l'étranger pénètrent chez nous en pleine franchise, 100 kilos de soieries françaises sont frappés d'un droit de 750 francs pour pénétrer en Allemagne, de 500 à 1000 francs, pour l'Autriche; de 562 francs, pour le Danemarck; de 500 à 1200 francs pour l'Espagne; de 300 fr. pour la Belgique: de 2.343 fr., pour la Grèce; de 700 à 1000 en Italie; de 320 fr., en Norvège; de 3360 fr., en Portugal; de 1200 fr., en Roumanie; de 1.600 fr., en Serbie; de 389 fr., en Suède; de 16 fr., en Suisse; de 2.384 à 5.372 en Russie.

« En Hollande, nos soieries ne pénètrent qu'en acquittant un droit de 5 0/0 de leur valeur, en Turquie le droit est de 8 0/0 et aux Etats-Unis de 50 0/0.

« Il nous semble, après cette citation, que les nations étrangères n'ont pas attendu que nous frappions leurs produits pour établir des droits plus élevés sur nos soieries; car, nous le répétons, ces taxes ci-dessus représentent les sommes à acquitter actuellement, cela depuis l'existence des traités de commerce, pour la pénétration des soieries françaises dans les nations sus-nommées, pendant que tous les tissus étrangers de soie pure rentrent chez nous, depuis la même époque, en pleine franchise.

« Aux travailleurs, maintenant qu'ils ont sous les yeux les différentes opinions émises sur cette question, de prononcer en parfaite connaissance de cause.

« Pour le Comité des Chambres Syndicales ouvrières de Lyon.

Le Secrétaire

Anthelme Simon »

Pas n'est besoin d'être bien au courant de la question économique pour comprendre maintement l'intérêt qu'ont les importateurs des soies et soieries à prétendre que les canuts lyonnais repoussent tout droit sur les soieries. Voilà les Chambres syndicales ouvrières qui leur donnent un courageux et éclatant démenti.

Bien des gens qui ne peuvent souffrir qu'on travaille à les faire sortir des vieilles ornières, où à les rassurer contre les vieux croquemitaines dont on cherche à les effrayer, seront aussi étonnés que contrariés de me voir prôner la fameuse « muraille de Chine », spectre dont les anti-nationalistes ont tant abusé qu'ils l'ont entièrement usé. Et bien! voici un journal républicain socialiste parisien.

La Bataille

qui, dans le plus récent (5 avril 1891) des remarquables articles d'économie sociale qu'il publie chaque semaine sous le titre : *Propos de Jacques Bonhomme*, affirme par un fait irrécusable et connu de tous, les avantages de ladite muraille ; lisez, braves gens :

« Vous vous souvenez des cris poussés par les marchands de salaisons, alors qu'on frappa d'interdiction l'entrée en France des porcs trichinés d'Amérique. Ces porcs malsains avaient tellement envahi nos marchés que les gens de la campagne ne prenaient plus la peine d'élever des cochons et voyaient, avec douleur, disparaître une source très rémunératrice des bénéfices.

« Pendant qu'ils reprenaient confiance, à la nouvelle qu'on allait défendre l'entrée aux porcs américains, les mercantis remplissaient les airs de leurs plaintes. Ils se gardaient bien de parler d'eux, les malins, mais ils gémissaient : désormais les importations américaines étant supprimées, le pauvre monde n'aurait jamais assez d'argent pour payer le prix de la viande de porc français.

« Malgré les criailleries, on a tenu bon ; le porc américain a été interdit, et jamais les cochons ne se sont vendus à si bas prix qu'aujourd'hui, car l'éleveur, assuré de vendre, a doublé et triplé la production. Le mercanti lui-même se montre content, parce qu'il a trouvé moyen de prélever avec la même sérénité ses 25 ou 30 °/₀. Comme ses bénéfices n'ont pas diminué, il oublie tout à fait les intérêts de ce bon consommateur, qu'il défendait si fort naguère. »

Il en serait de même pour la plupart de nos produits agricoles et peut être pour tous ; car du jour où le producteur français serait assuré, non pas de vendre cher, la concurrence intérieure suffira toujours pour empêcher l'exagération des prix, mais assuré de vendre sans perdre, la production nationale prendrait un tel accroissement que, bien des malheureux qui sont sans souliers sans bas, et se couchent souvent sans souper parce qu'ils manquent de travail, auraient des souliers, des bas, du pain, du vin, de la viande selon leur besoin ; non pas seulement parce que tous ces produits seraient abondants, mais parce que le travail serait abondant ; attendu qu'il y aurait du travail pour tous, si la France produisait elle-même à peu près tout ce dont elle a besoin, comme elle le faisait avant d'avoir livré son marché aux travailleurs étrangers, qui nous en ont remerciés en prohibant la plupart de nos produits.

Pourquoi ne les imiterions-nous pas enfin?

Parce qu'il y a encore trop de braves gens, en France, qui croient aux croquemitaines et notamment la Commission des Douanes, comme nous allons le voir par un rapide coup d'œil sur le remarquable rapport général de son président,

M. Méline

rapport qui est, au point de vue théorique, un modèle d'intelligence, de patriotisme et de bon sens.

Après avoir montré la légéreté et l'inconscience des auteurs des

« Traités de 1860 »

qui livrèrent notre marché intérieur, dont nous étions les maitres à l'envahissement des produits étrangers, le président de la Commission ajoute :

Sans doute il ne faut rien exagérer et nous n'irons pas jusqu'à dire qne les traités de 1860 ont ruiné la France.

Il ne le dit pas, il fait mieux, il le prouve par des chiffres montrant nos importations faisant des pas de géant, pendant que nos exportations se ralentissaient de plus en plus chaque année, à tel point que notre compte de travail avec l'étranger qui, en 1859, se soldait par 626 millions en notre faveur, arrive à se solder en 1888 par la somme énorme de 861 millions en faveur de l'étranger.

Relèvements des tarifs à l'étranger

Dans ce paragraphe, M. Méline, nous montrent les nations étrangères plus clairvoyantes, s'apercevant bien avant nous que le dupe-échange conduit à une ruine inévitable, majorant leurs tarifs et vu leur situation économique, se relever et faire un contraste frappant avec la nôtre.

« Non seulement l'Amérique et la Russie, mais l'Allemagne, l'Autriche-Hongrie et toutes les nations, qui depuis vingt ans se sont attachées à défendre leur production nationale ont vu les exportations ne cesser de croître pendant que les importations diminuaient de façon significative.

Aux raisons générales tirées de la marche économique du monde qui suffiraient à justifier la révision des tarifs de 1860, il faut ajouter, dit M. Méline, les charges budgétaires qui pèsent sur la production française et la charge bien autrement lourde du service militaire obligatoire pour tous. »

« Salaires »

« Ce que nous avons à défendre par les tarifs de douanes, c'est donc la main d'œuvre, c'est-à-dire le travail et le pain de nos ouvriers. »

Cette phrase renferme toute la question économico-sociale et je ne saurais trop la recommander, aux méditations des socialistes de toutes les écoles et principalement à ceux qui présentent comme une panacée, la grève, cette lutte insensée de patience entre les ventres creux, qui ne peuvent attendre sans s'infliger des souffrances inouïes et les ventres pleins qui peuvent attendre à leur aise.

Est-ce à dire que les ouvriers doivent sans protester, se soumettre à toutes les diminutions de salaires, qu'il plaira à leur patron de leur infliger? Non certes!

Mais que les ouvriers de l'industrie se persuadent bien que, malgré toutes les protestations, toutes les grèves, tous les congrès et tout ce qu'ils pourraient faire et dire, ils resteront impuissants à défendre leurs salaires, tant que leurs chantiers, leurs usines, leurs mines seront envahis par les campagnards qu'ils ont laissés ruiner sans nul souci de la solidarité sociale et nationale, qui n'est pas un vain mot.

« On a fini par reconnaitre, que tous les produits qui sont le fruit du travail ont droit à la même protection (lisez justice) et que de tous les produits ce sont ceux du sol, s'il y avait à choisir, qu'on devrait les moins sacrifier, parce ue ce sont à la fois, les plus nécessaires et ceux qui rap portent le plus au pays, car ils n'empruntent rien à l'étranger et sont tout bénéfice pour la richesse publique. »

Il y a une autre et très importante raison à faire valoir, qui se trouve dans l'adresse des agriculteurs de Saint-Césaire du 1er janvier 1891 demandant à M. le Président de la République un supplément d'enquête (1). Cette raison est qu'une agriculture sacrifiée, ruinée, ne peut tirer du sol qu'une faible partie de ce qu'il peut produire, qu'il faut alors avoir recours à l'étranger dont les produits, quoique à bas prix aux pays d'origine, ayant à passer par les mains d'une quantité innombrable d'intermédiaires et de spéculateurs arrivent au consommateur à un prix très élevé; celui-ci se trouve alors dans l'impossibilité de travailler au même prix que les ouvriers des nations où l'agriculture est prospère.

1) Voir : *Étude d'Économie sociale.* p. 425.

Et les industriels des pays à agriculture ruinée, comme la France, par exemple, sont dans l'impuissance de soutenir la concurrence étrangère et doivent fatalement s'expatrier pour trouver la main-d'œuvre à plus bas prix.

C'est dans cette situation déplorable que les traités de 1860 ont placé toutes nos industries et principalement l'industrie lyonnaise des soieries qui, ayant déjà en grande partie émigré en Suisse, en Allemagne, en Syrie, en Chine ou Japon, veut faire laisser la frontière ouverte aussi bien pour les tissus que pour les soies.

Droits sur les matières premières

« Disons d'abord que la majorité ne s'est pas arrêtée un seul instant à cette considération autrefois si puissante que les produits agricoles étaient des matières première et devaient, comme tels, échapper à toutes taxation douanière. Cette thèse est aujourd'hui abandonnée par l'école même qui s'en est le plus servie autrefois.

j'en suis enchanté, car après Bastiat, personne n'a plus qne moi combattu la théorie en question. Me voilà donc triomphant autant qu'il soit possible de l'être — du moins en théorie.

« La meilleure preuve que votre Commission n'a pas été dirigée par l'ancienne doctrine des matières premières, c'est quelle n'a pas hésité à frapper les graines oleagineuses et le chanvre, bien qu'ils fussent la matière première de plusieurs grandes industries. (1)

Très bien, dix bons points à la Commission « si elle n'a pas fait de même pour la laine, les peaux et la soie, c'est que.....»

C'est qu'elle s'est laissée effrayer par les croquemitaines, les spectres rouges, noirs ou blancs que les importateurs de soieries ont agité devant ses yeux.

Comment la Commission des Douanes et son intelligent président ont-il pu se laisser prendre à ces vieux trucs, comment n'ont-ils pas vu que c,était toujours les mêmes faux ouvriers, les mêmes blouses blanches qui criaient sous l'Empire : à Berlin ! à Berlin ! plus tard : au Tonkin ! au Tonkin ! qui crient aujourd'hui ; sauvons Pékin, périsse la France !

Maissi le moindre droit compensateur ou fiscal, sur les laines, les peaux, les soies doit ruiner les industries qui emploient ces produits, le droit sur les graines oléagineuses et le chanvre ne peut manquer de ruiner les grandes industries qui s'en servent.

(1) La Chambre ne suivit pas sa commission sur ce point elle vota l'entrée en franchise des graines oléagineuses et du chanvre auxquels on a accordé depuis des primes.

La doctrine de l'entrée en franchise, des matières dites premières est vraie, comme l'affirment les protectionnistes de l'école de Manchester, ou elle est fausse comme le prétendent Bastiat et la Commission des Douanes. Si elle est vraie il faut l'appliquer à tout le monde, si elle fausse il ne faut l'imposer à personne.

Quand aux raisons que donne le rédacteur du rapport pour expliquer l'étrange défaillance de la Commission à suivre un principe qu'elle a si énergiquement affirmé, je les ai combattues à satiété, je n'y reviendrai pas. (Voir mes *Etudes d'Economies sociale*).

Bref, avec les théories, les plus rationnelles, qu'elle a eu le tort de ne pas suivre assez excatement dans la pratique, la Commission des douanes a augmenté les inégalités au lieu de les diminuer.

Ainsi pendant qu'elle mettait hors la loi nos producteurs de soies, de laines et de peaux, elle majorait ou mettait des droits nouveaux, presque prohibitifs, en faveur de bon nombre de produits industriels, droits s'élevant quelquefois à 1,000 et 3,000 °/° ; soies moulinées, parapluies, savons, canons de fusil, etc.

Pour les filés de lin, je note en passant les relèvements suivants :

Droits anciens	156 fr. par 100 k.	droits nouveaux	338 fr.
»	125 »	»	260
»	100 »	»	200

Sur 110 articles de fils de lin, 100 voient leurs droits relevés. Les lainiers obtiennent sur un seul article, les *châles*, des majorations qui portent le droit de 240 à 1000 francs.

Paris qui se dit libre-échangiste obtient pour ses articles de fantaisies les droits ci-après :

		TARIFS maximum	TARIFS minimum
Éventails en bois et papiers	100 k.	350 fr.	300 fr.
» » et étoffes	»	600	500
Ivoire, nacre, écaille, non montés	»	2.000	1.500
Ivoire montée,	»	3.000	2.500

Malgré, la partialité, si non théorique du moins pratique montrée par la Commission et son honorable président, celui-ci surtout, s'est vu violemment attaqué par les adeptes de l'école de Manchester, qui veulent le libre-échange pour les autres et une double protection pour eux.

Un rurophobe modèle

M. Méline, ce compensationniste, cet égalitaire si timoré, lorsqu'il s'agit de l'agriculture, est cependant accablé d'injures par les rurophobes de Marseille, Lyon et Paris, qui ne peuvent lui pardonner la correction de ses doctrines économiques et sa bonne volonté théorique pour l'agriculture. Voici ce que dit l'un d'eux, et l'on jugera par cette citation du patriotisme et de la délicatesse de la secte :

Il paraîtrait que les Suisses et les Belges, pour se venger de la dénonciation des traités de commerce, seraient dans l'intention de dénoncer les conventions sur la propriété littéraire et artistique. (Histoire pour cette Revue Parisienne d'agiter le spectre des représailles) (1).

« Bravo les Suisses et les Belges ! s'écrie notre rurophobe, » ce pauvre M. Méline n'en a pas fini et si les Suisses et les » Belges tiennent bon, *ce à quoi je les engage de toutes mes* » *forces*, la grande conspiration protectionniste pourrait bien » finir misérablement..... et si Méline triomphe cette fois, » qu'il ne le porte pas en Paradis ; » qu'il ne puisse jamais » être Ministre, qu'il ne puisse jamais paraître à la tribune, » sans qu'on accompagne son nom, du sobriquet d'*affameur*, » que sa mémoire soit transmise à la postérité, comme celle » d'un homme malfaisant, et qu'on en fasse un jour, un » pseudonyme de Messer Satanas » (2).

C'est par de pareilles insanités que la presse anti-nationaliste, cherche à troubler l'esprit public, pour empêcher le triomphe de l'égalité douanière qui permettrait le relèvement de notre agriculture et par suite de nos industries, relèvements que les financiers importateurs veulent empêcher à tout prix.

On ne peut contenter tout le monde et son gendre. Et la Commission des Douanes avait tant de monde à contenter, et elle a suivi un si déplorable système de tarification labyrinthe, que malgré ses bonnes intentions, elle n'a contenté personne, pas même les Parisiens, les importateurs lyonnais et marseillais, qui crient le plus contre elle, malgré la partialité qu'elle a montré pour eux.

Elle n'a pas assez compris que ce ne serait qu'en les soumettant à l'égalité par des droits strictement compensateurs

(1) Le *Bulletin des Sommaires*, directeur M. Ch. Limousin.

(2) Cet économiste aimable, comme on vient de le voir, auquel j'avais adressé une de mes publications, me fit l'honneur de me répondre : « Je ne puis rendre compte de votre ouvrage parce qu'il n'y a pas une idée, même une idée fausse et là où il n'y a rien, la critique comme le roi perd ses droits. »

et non protecteurs, qu'elle arriverait à faire la conciliation entre les intérêts et à empêcher les plus puissants, les plus bruyants d'écraser les plus faibles, notamment les intérêts agricoles trop sacrifiés par elle, malgré ses excellentes intentions théoriques à leur égard.

Espérons que la Chambre, qui vient de se rafraîchir la mémoire auprès de ses électeurs, modifiera largement, dans un sens plus égalitaire, l'œuvre de la Commission, en abaissant les majorations et les droits trop élevés et en mettant de modiques droits compensateurs sur les produits si injustement mis en dehors du droit commun.

Si non, nos politiciens, aveuglés par Jupiter qui paraît vouloir leur perte, prononceront leur propre condamnation.

Qu'ils se le disent!

Les Conseils généraux

« La caractéristique des vœux connus jusqu'à présent des Conseils généraux, dit *La Bataille* du 10 courant (avril 1891), est la protection quand même, la protection à outrance aveugle » (applaudissements très exagérés).

« On croirait qu'un vent de Chine (muraille de Chine) a passé sur nos assemblées départementales ».

Plût à Dieu, que ce fut vrai; car ce n'est plus à Athènes, cette République à esclaves, de marchands enrichis, ni chez la mercantile Angleterre, mère du paupérisme, que nous devons aller puiser nos inspirations, ni en Amériqus ou la ploutocracie quoique plus patriotique, n'en est pas moins absorbante, mais en Chine et dans ce Moyen âge, que les pères Loriquet de la finance ont tant dénigré, parce qu'il trouvait utile et moral de faire quelquefois rendre gorge aux traitants. » *inde iræ*? (1).

Continuons à citer *la Bataille* :

« A propos des articles de Jacques Bonhomme qui veut avec » raison que notre production de blé et de viande soit à l'abri » des concurrences étrangères, un brave sériculteur du » Gard m'écrit pour demander la quasi-proscription des soies » étrangères, trouvant très naturel que nous payions trois » francs à ses compatriotes (français) une cravate de soie » qu'on peut, d'Italie ou d'ailleurs, nous livrer à 20 sous ».

---

(1) Je ne saurai trop conseiller aux jeunes gens, s'ils veulent sortir des vieilles sornettes avec lesquelles leurs nourrices à barbe les ont bercés, de lire non seulement Augustin Thierry, mais surtout Ad. Prins : *La démocratie et la représentation des intérêts*, Bruxelles; *La France vraie* et toutes les œuvres de M. de Saint-Yves, Paris. (Il faut considérer le moyen âge comme n'ayant pris définitivement fin qu'avec les anciennes communes qui furent sa création la plus considérable et la plus caractéristique). Voir dans le *san français* de décembre 1897, *La représentation profession* [illegible] *oyen âge*.

Mais chez M. Lissagaray, la chose est non seulement naturelle, mais forcée de par la solidarité nationale, qu'un vrai socialiste comme vous, ne peut méconnaître.

Pourquoi l'Italien peut-il nous donner à un ou deux francs, la cravate de soie que le Français est obligé de faire payer trois francs?

Parce que la fileuse et l'ouvrier tisseur gagnent des salaires moitié moindres.

Et comment l'Italien peut-il se contenter de salaires aussi réduits, alors que le Français a tant de peine à vivre, avec le salaire plus élevé qu'il reçoit?

C'est qu'en Italie, comme ailleurs, non seulement les charges sociales qui pèsent sur le travailleur sont moins lourdes, mais la vie y est à un bien plus bas prix; attendu que l'agriculture, loin d'avoir été systématiquement sacrifiée comme en France, a été constamment aidée, entr'autres, par un grand système de canaux d'irrigation et en ces derniers temps par le grand canal de Cavour; construit malgré les criailleries de la batellerie fluviale, criailleries qui, en France, empêchent avec tant de succès, la construction des canaux du Rhône et autres.

Parce qu'il aura plu aux classes dirigeantes ou au gouvernement d'*eux* comme vous l'appelez, de ruiner l'agriculture, pour procurer en abondance et à bas prix, les bras anx usiniers et les capitaux aux financiers, il faut que l'ou vrier français crève de faim faute de travail, ce qui arrives rait infailliblement, si on laissait entrer en franchise tous les produits étrangers qui peuvent se vendre à plus ba prix que nos propres produits et tous sont dans ce cas, sauf les produits de quelques industries spéciales parisiennes qui, comme vous le dites, n'ont aucune concurrence à redouter.

Le grand socialiste le Nazareth a dit : si le sel perd sa saveur, avec quoi la lui rendra-t-on?

Et moi je vous dit : si le travailleur n'a point de travail, qui nourrira le rentier, le sinécurier, l'improductif?

Mais voici, qu'en fin de compte, nous sommes complètement d'accord avec l'éminent rédacteur en chef de *la Bataille*.

« Quand à nous, dit-il en terminant, tout en laissant tribune égale aux opinions, nous restons fidèles au bon sens économique et croyons-nous, aux intérêts de notre pays en demandant avec Proudhon des droits compensateurs ».

Mais, cher compagnon, nous ne demandons pas autre chose à Saint-Césaire.

« Il y a dans la Chambre assez de gens éclairés, pour exposer cette théorie et remonter les courants opposés. Je souhaite, pour l'honneur du socialisme, que cette besogne nationale soit accomplie, par un député socialiste ».

C'est parce que je fais depuis longtemps et en vain, le même vœu; qu'il m'arrive quelquefois de mal mener les socialistes de toutes les écoles, comme on va le voir par l'extrait suivant de :

La Philosophie de l'Avenir

qui dans son dernier numéro (mars 1891), par la plume savante de son éminent fondateur. M. Frédéric Borde, veut bien, comme l'ont fait un grand nombre de Revues et Journaux de Paris ou de province, présenter à ses lecteurs mon dernier ouvrage.

« Nous avons reçu un livre, dit M. F. Borde, qui a pour titre : *Etudes d'Economie sociale, petits pamphlets*, l'auteur, M. E. de Masquard, n'est pas un inconnu des lecteurs de la *Philosophie de l'avenir* car nous avons eu plusieurs fois l'occasion de louer les arguments avec lesquels il combat le libre-échange. »

Mais, cher M. Borde, ce n'est pas le libre-échange, mais le double protectionnisme de l'école de Manchester qui se cache sous ce nom que je combats.

« L'auteur a eu soin de nous écrire pour nous apprendre qu'il n'est pas plus protectionniste que libre-éclangiste; il est compensationniste, ce qui signifie, si je l'ai bien compris, que les marchandises étrangères ne doivent pes être favorisées au détriment des marchandises françaises; toutes deux supporter les mêmes charges et être traitées sur un pied d'égalité, C'est fort bien, mais ceci ne constitue pas un remède à la ruine de l'agriculture. »

Et pourquoi pas? si cette ruine a pour principale cause la protection, les faveurs accordées à l'agriculture étrangère; en faisant disparaître ces faveurs on ferait disparaître la principale cause de la ruine de l'agriculture nationale.

— « Il n'y a pas, ajoute M. Borde, de remède particulier parce que le mal étant général, la cause l'est également. La cause économique, nous l'avons dit mille fois, c'est l'aliénation du sol (1). Mais M. de Masquard ne veut pas entendre parler de ce remède, voici les raisons qu'il donne.

— « Mais, Messieurs, les réformateurs révolutionnaires nous disent : « Nous socialiserons les instruments de travail ». Oui, quand le travail aura émigré entièrement à

(1) Chez les autres nations le sol est également aliéné et cependant leur agriculture n'est pas dans une détresse comme la nôtre.

l'étranger et que nous ne serons plus qu'une nation de transporteurs, de consommateurs et de boursicotiers. Nous socialiserons la terre, ajoutent-ils; oui, quand elle sera abandonnée, remplie de chiendent et que personne ne voudra plus la travailler. Alors vous n'aurez à socialiser que la misère pour tous. »

— « Evidemment cette critique ne peut s'adresser au socialisme rationnel. »

Eh! bien si, -- cher Monsieur; quoique je considère vos idées comme des plus dignes de fixer l'attention de tous les hommes sérieux, je crois devoir adresser au socialisme rationnel le reproche de ne pas avoir assez vivement combattu pour empêcher la dépréciation de ce sol qui est l'unique base du socialisme colinsien.

Il est inexacte de dire que je ne veux pas entendre parler de la socialisation du sol; je dis seulement : tant que le sol sera déprécié, délaissé, votre remède sera, si non inapplicable, du moins sans effet, parce que vous ne trouverez pas de fermiers pour prendre vos terrains socialisés. Ignorez-vous que les ouvriers ruraux ne veulent aujourd'hui de la terre à aucun prix, que ceux qui en possèdent quelque coins trouvent plus profitable de les laisser en friche, pour aller travailler à la journée, ou les vendent à vil prix pour émigrer dans les villes.

Le plus pressé, pour le moment, est donc de rechercher à faire rendre au sol son ancienne valeur, attendu que le socialisme rationnel, comme tout autre, ne pourra passer dans la pratique et donner de bons résultats qu'en prenant pour base et point de départ une agriculture prospère.

Et l'agriculture ne sera prospère que lorsqu'elle ne sera plus sacrifiée aux intérêts des financiers importateurs et spéculateurs.

La vraie guerre, la grande guerre, celle que je voudrais voir soutenir par tous les socialistes, tous les républicains, tous les patriotes : c'est celle qui a existé et existera de tout temps entre l'agriculture, le sol qui est la patrie, et l'argent qui n'a pas de patrie.

Malgré ces divergences sur la marche à suivre, je n'en remercie pas moins M. Borde de ses bienveillantes critiques et si je ne profite pas de l'occasion pour discuter à fond le socialisme rationnel, c'est que ce travail est déjà bien long et que j'ai encore à parler d'un remarquable article intitulé :

Pourquoi un coopérateur ne peut être protectionniste.

Que M. Ch. Gide, professeur d'économie politique à l'école de Droit de Montpellier et l'un des chefs de la nouvelle école économique vient de publier dans le dernier numéro (15 avril 1891) de l'*Emancipation*, article qui, à mon grand chagrin, semble écrit par le chef de l'ancienne école M. P. Leroy-Beaulieu, comme on va le voir par les citations qui suivent :

« Le coopérateur, dit-il, ne peut-être protectionniste parce qu'il représente d'abord et avant tout l'intérêt des consommateurs. »

Les sociétés coopératives donnent sans doute leurs marchandises gratis et alors le coopérateur n'a pas besoin d'être producteur pour les acheter?

« Et que tout système protectionniste inflige incontestablement, un préjudice aux consommateurs « qu'elle hérésie », soit en élevant les prix, soit en les empêchant de s'approvisionner où bon leur semble. »

Non seulement je dénie au consommateur parasite non producteur, le droit d'acheter ou bon lui semble : mais je dis avec Saint-Paul, celui qui n'est pas producteur, n'a pas le droit d'être consommateur.

Il n'y a, en effet, en dehors du vol et de la mendicité, d'autre moyen pour l'ouvrier, que d'être producteur, s'il veut être ensuite consommateur. Quant aux frelons, comment vivront-ils, si les abeilles privées des fleurs sur lesquelles elles butinent, ne leur préparent pas le miel ?

Si le producteur est sacrifié au consommateur, qui fournira de l'argent à l'Etat pour payer les députés, les juges, les gendarmes, les paveurs, les professeurs d'économie politique, etc...?

« Le *Petit Journal* voulait démontrer l'autre jour, que les droits protecteurs avaient fait baisser le prix des céréalees. Mais alors qu'on nous dise donc, au nom du ciel, *à quoi ils peuvent bien servir?* »

— Votre question, monsieur le professeur, m'étonne autant qu'elle m'attriste et je vais tâcher d'y répondre, non pas au nom du ciel, mais au nom de la terre et des travailleurs qui, dans les nations civilisées surtout ne peuvent se passer du travail.

D'abord le droit de 5 francs qui a été mis sur les céréales étrangères, n'est pas protecteur, mais insuffisamment compensateur. Et la nouvelle école ferait bien, ce me semble, de ne pas confondre la protection, avec la compensation comme le fait à dessein l'ancienne école.

A quoi servent les droits ? S'ils sont compensateurs ils servent : 1° à faire vendre le produit national, tout au moins au prix de revient, en empêchant une dépréciation continue des prix, comme elle aurait eu lieu pour les céréales sans le droit compensatenr de 5 francs les 100 kilog.; 2° à faire comme le dit Bastiat, participer l'étranger à nos dépenses publiques, dont il profite, soit qu'il nous achète nos produits, soit qu'il nous vende les siens.

Voilà pourquoi dans sa loi de douane en deux articles, loi qui serait la plus simple et la meilleure solution de la question douanière, Bastiat met des droits aussi bien, sur les marchandises qui sortent, que sur celles qui entrent. (1)

Et en effet, comme je l'ai dit souvent, les droits à l'exportation peuvent seuls garantir l'intérêt du consommateur. Attendu que toutes les marchandises qui sortent, font renchérir celles qui restent et souvent en quantité insuffisante (2) et que si on se prive de cette source de revenu, il faudra en ouvrir une autre, dit Bastiat, ce qui ne diminuera en rien les charges fiscales du consommateur, ni l'infériorité relative de nos fabriques.

— Si le droit est protecteur, et mieux encore s'il est prohibitif, il a pour effet de réserver à l'ouvrier national le travail national. Et, avoir du travail, du travail pour tous, c'est l'alpha et l'oméga, le commencement et la fin de la question économico-sociale.

Les prix peuvent bien alors hausser momentanément, mais cette hausse a peu de durée, parce que le producteur national assuré de vendre, double et triple sa production, comme nous l'avons vu pour les porcs.

Et comme le prophétise M. Ch. Gide lui-même, vers la fin de son article, en agitant aux yeux des lecteurs de *l'Emancipation*, le spectre rouge et joufflu de l'abondance, il en serait de même de tous nos autres produits si nous prohibions les produits similaires étrangers.

« Pour le protectionniste, dit-il, il n'y a ni question extérieure, ni rapport diplomatiqne, ni souvenir historique, ni courtoisie internationale qui tienne. Il serait tout prêt à rompre avec les Etats-Unis pour son lard, avec la Grèce pous ses raisins secs, avec l'Italie pour ses vins, avec l'Angleterre pour les droits *ad valorem*. La fidèle Suisse avait

(1) Bastiat ; Sophisme économique, v. 1 p. 208.

(2) Nous ne payerions pas les vins de Bordeaux si chers, si les anglais, ces vampires des nations, ne pouvaient les faire sortir sans payer un droit élevé, et il en serait de même de tous nos autres produits que l'exportation renchérit, souvent au détriment des consommateurs.

ouvert ses frontières toutes grandes à nos soldats vaincus : on fermera nos portes (toujours la compensation prise pour la prohibition) à ses moutons, à ses fromages, à ses bœufs ».

Mais M. le Professeur, si nous laissions ainsi entrer tous les produits étrangers qui peuvent se vendre à plus bas prix que les nôtres, les malheureux ouvriers français privés de travail n'auraient à offrir à leurs enfants criant la faim, que « les souvenirs historiques, la courtoisie internationale » et autres viandes aussi peu nutritives.

« Nous n'avions pas déjà tant d'amis. »

Merci de ces amis qui prohibent nos produits et qui poussent des cris de pintades, si nous faisons mine de les imiter, même de loin !

« Nous semons comme à plaisir les rancunes et les haines ».

— C'est toujours le rat, qui a commencé, voilà pourquoi le chat l'a mangé.

« Les Etats-Unis peuvent se passer cette fantaisie..... ils n'ont besoin de personne. Mais nous, nous avons besoin des autres : nous ne serions nous en passer. »

— C'est une erreur, aussi bien que les Etats-Unis, nous n'avons besoin de personne, comme je l'ai déjà prouvé. Et le jour ou nous ne serons plus victimes de notre « courtoisie internationale » qui nous fait jouer le rôle de dupe, le jour ou nous nous isolerons, nous nagerons bientôt dans une si grande prospérité, que la perspective seule en effraye déjà quelques économistes, en tête desquels se trouve le chef éminent de la nouvelle école économique qui agite je l'ai dit devant les lecteurs de *l'Emancipation :*

Le spectre de l'Abondance

« Le coopérateur, dit-il, voit les fruits amers que cette politique doit produire dans l'avenir. Il voit que la France en élevant ce mur infranchissable autour d'elle, travaille à bâtir sa propre prison et qu'elle y étouffera » (d'indigestion) « Voyez les vins, par exemple. On replante partout des vignes. »

— Que dans le nouveau tarif les raisins secs et les vins d'Espagne, d'Italie, de Hongrie, etc., soient exempts de droits et l'on verra les plantations de vigne s'arrêter bien vite.

» Dans dix ans d'ici, la France produira plus de vins qu'elle ne pourra en consommer, alors les écluses qui permettraient au vin de s'écouler étant désormais fermées, les viticulteurs verront le flot monter prêt à les submerger : il se tourneront du côté de l'étranger suppliant et lui disant : « Laissez passer nos vins, nous sommes maintenant libre-échangistes, excusez un moment d'erreur.... Non, non, répondra l'étranger, vous avez fait notre éducation. »

— C'est par trop vieille école de dire que nous avons fait l'éducation de l'étranger alors que personne n'ignore que c'est l'étranger, qui mieux au courant des questions économiques, s'est fait la part du lion dans tous les traités de commerce que nous avions contratés avec lui, comme il veut se la réserver encore par la menace impuissante de représailles, si nous relevons nos tarifs; comme il a, pour son très grand profit, relevé les siens depuis plus de vingt ans. (Voir ci-avant le manifeste des chambres syndicales des ouvriers tisseurs lyonnais).

«Rien ne passe plus ; gardez vos vins, nous garderons les nôtres ! » Et la France périra noyée dans son propre vin, comme le glouton duc de Clarence dans un tonneau de Malvoisie.

« Quelle triste fin ! quelle vilaine fin ! Pouach !

Oui, triste fin ! car il en sera de même pour tous nos produits agricoles. Et si nous ne voulons pas les laisser perdre nous en serons réduits à les consommer nous-mêmes ; de là des indigestions continuelles.

Cependant, mourir pour mourir, nous préférions périr d'indigestion ou noyé dans le vin comme le glouton duc de Clarence que, par le manque de travail ; avoir le sort d'Ugolin qui en fut réduit à mourir de faim après avoir mangé ses enfans, mort qu'il nous sera impossible d'éviter, si les doctrines anti-patriotiques et anti-humaines des économistes de la vieille école sont plus longtemps mises en pratique.

Oui anti-humaines, car c'est un crime de lèse-humanité, de vouloir réduire à la misère une nation tout entière, pour le seul profit de quelques grands financiers importateurs ou exportateurs.

M. Charles Gide

J'ai la plus vive sympathie, pour l'éminent professeur de Montpellier et pour son incontestable talent. J'ai lu avec autant d'intérêt que de profit, quelques-uns de ses savants ouvrages et en dernier lieu ses : *Principes d'économie politique* dont il a bien voulu me faire hommage, et j'ai été heureux de voir que nous étions d'accord sur bien des points, notamment sur la critique très juste qu'il fait des doctrines de la vieille école économique qui se dit orthodoxe.

De mon côté, je me suis fait un devoir de lui adresser mes rustiques publications. Je m'étais persuadé que, abandonnant peu à peu les sophismes de la vieille école, il évoluerait de plus en plus vers le nationalisme qui a pour base *le droit au travail comme corollaire du droit à l'impôt.* Et c'est avec la plus grande tristesse et le plus grand découragement que, pour le besoin de la cause que je défends, je me suis vu dans la dure nécessité de constater et combattre son retour aux funestes doctrines de l'école de Manchester. Et puis son spectre de l'abondance du vin venait si à propos à l'appui de ma thèse sur

Les bienfaits de l'isolement

que je ne cesserai de vanter parce que l'isolement nous procurerait, pour tous nos autres produits agricoles, la même abondance, qui effraye tant M. Gide pour les vins, si nous obtenions pour eux la majoration de 900 0/0, que demande le dupe-échangiste P. Leroy-Beaulieu (pas si dupe cette fois).

Que l'on prohibe les bestiaux morts ou vivants, les laines, les peaux, les soies et soieries étrangères et dans quelques années la France produira toutes les laines, les peaux, les soies dont ses industriels ont besoin et toute la viande tout le blé, tout le vin nécessaires à sa consommation.

La preuve en a déjà été faite, on le sait, pour les porcs, et les craintes des viticulteurs de ne pouvoir vendre leurs vins après quelques années de protection sérieuse en est aussi une preuve qui. pour être théorique n'en a pas moins sa valeur, (mais avec l'isolément tout le monde aurait du travail et boirait du vin et la viticulture serait toujours : la plus lucrative des cultures).

Les avantages de l'exagération

pour les nationalistes dont les intentions sont audacieusement exagérées par les défenseurs des intérêts étrangers. Alors que nous ne demandons que l'égalité et de modestes droits compensateurs qui, en tenant compte de toutes nos infériorités naturelles ou artificielles permettraient aux producteurs français de combattre à arme égale avec son concurrent étranger, est-il honnête, est-il scientifique de raisonner, de discuter, comme si nous demandions la probihition à outrance?

Eh! bien oui! pour que la discution soit possible et pour

rendre inutiles les exagérations de nos adversaires, nous demandons enfin l'isolement complet, convaincus que le jour où la France réservera pour elle seule, toutes ses richesses naturelles, toutes les ressources de son génie, tout son argent, tout ses produits et, en un mot, tous les avantages dont le créateur l'a dotée, elle sera la plus riche et la plus heureuse nation du monde.

Et toutes les causes de conflit avec l'étranger ayant disparu, elle pourra licencier son armée, rappeler ses agents diplomatiques, qui ne savent parfois que lui susciter des querelles d'Allemands.

Quant aux ports de mer ! laissons crier les Grecs de Marseille, les Anglais de Bordeaux et du Hâvre, les Espagnols, de Cette Il y a longtemps que j'ai dit : supposons qu'une petite colline vienne tout à coup à surgir au milieu de tous nos ports de mer ; ce serait un graud malheur pour les ouvriers qui y sont occupés, mais il leur serait facile, sans y causer une grande perturbation, de trouver à s'occuper dans les industries de l'intérieur et dans l'agriculture ; mais si l'on sacrifie et l'agriculture et toutes nos industries aux ports de mer, comme le demandent les *mercantis* de Marseille, Bordeaux et le Hâvre, les ports de mer seraient impuissants à donner du travail aux ouvriers du restant de la France qui n'auraient d'autres ressources que d'émigrer dans des contrées où toutes les lois ne soient pas faites en faveur des financiers et ces contrées sont nombreuses.

Je ne prétends pas que l'isolement soit sans inconvénient, mais ces inconvénients ne sont rien, absolument rien, auprès de ceux du *laissez faire et laissez passer notre travail et notre argent à l'étranger ;* maxime qui conduit fatalement à la ruine de la patrie.

Or, il vaut mieux pour la France vivre sans colonie, sans port de mer que de mourir pour eux !

Enquête et rapport en train rapide

La pression que les importateurs de soies et soiries ont intérêt à faire exercer sur la Chambre est un fait accompli.

La République Française et tous les journaux anarchistes (les vrais anarchistes ne sont pas ceux qu'un vain peuple pense), font un tapage infernal autour du rapport que M. Reinach, après le voyage dont nous avons parlé ci-avant, dans les départements séricicoles, vient de déposer à la commission des pompes funèbres de nos finances.

J'ai déjà dit de ce rapport et du système déplorable des

primes à la séricultare tout ce qu'il y avait à en dire. Je n'y reviendrai pas. (1)

Malgré l'opposition de MM. Jamais et Maurice Faure, la commssion funèbre a décidé, à l'unanimité moins deux voix, que le rapport du savant séricologue Reinach devra être déposé sur le bureau de la Chambre avant la discussion du chapitre du tarif général des douanes, qui est relatif aux cocons et aux soies.

Cette manière insolite et rapide d'agir, par trop fin de siècle, quoiqu'elle laisse un peu trop voir le parti pris, n'en réussira pas moins ; la commission a son corbillard prêt pour porter en terre la séricirulture qui ne pourra vivre longtemps sous les cataplasmes malsains dont la Chambre croira utile de la couvrir dans l'espoir de prolonger son agonie de quelques années et de sauver tout au moins les apparences.

Nos maîtres les financiers importateurs le veulent ainsi, que leur volonté soit faite et non la nôtre !

Appel à la solidarité nationale

Cependant, convaincu qu'on ne doit jamais désespérer du succès d'une cause juste, je dirai, comme en 1880 : la première bataille aura lieu au sujet de la sériciculture ; si, peu soucieux de la solidarité qui lie étroitement toutes les branches de la production d'un pays, les députés du centre, du nord, de l'est et de l'ouest laissent perdre cette première bataille, l'agriculture sera, comme en 1880-81, battue sur toute la ligne, parce qu'elle restera à la merci d'une majorité triomphante de rurophobes, qui pourra bien lui accorder quelques semblants de satisfaction toujours faciles à rendre illusoires. Et il en sera de même pour l'Industrie si elle veut combattre à part.

Alors il ne restera plus aux producteurs et aux consommateurs français, non parasites, qu'à organiser un vaste pétitionnement pour demander :

La revision de la Constitution

Non pas une revision à l'eau de fleur d'oranger comme celle que proposait le député du Var M. Clémenceau ; mais une revision qui, selon le programme de Saint-Césaire, fasse

(1) Voir au commencement de ce travail et ; *Etudes d'économie sociales*, p. 428 ; Remèdes pour la sériculture.

du suffrage universel une vérité en l'organisant professionnellement et du régime représentatif une autre vérité par le groupement et la représentation directe des intérêts économiques, seule constitution qui puisse rendre aux classes laborieuses la part d'influence qui leur est nécessaire et dont elles jouissaient dans les célèbres Communes du moyen-âge, influence dont elles ne possèdent aujourd'hui que le simulacre. Voilà pourquoi elles voient constamment échouer toutes leurs revendications. (1)

LA SITUATION ACTUELLE

(3 mars 1898)

Depuis que ce travail a été publié pour la première fois, en avril 1891, la situation loin de s'améliorer, a continué à s'aggraver. Les esprits les plus vigoureux se découragent écœurés par le peu de résultats qu'obtiennent les plus grands efforts en faveur de l'agriculture et du travail national.

Les campagnes se dépeuplent, les grandes ville s'encombrent de plus en plus, la puissance et l'audace imprudente de la ploutocratie augmentent chaque jour. On vient d'en avoir une preuve éclatante dans l'affaire Dreyfus-Zola.

Comme je l'ai dit dans le *Paysan français* du 20 février écoulé, le but réel de tout cet infernal tapage n'est pas seulement de déconsidérer notre armée et ses chefs au profit

(1) Voir le résumé du programme de Saint-Césaire, p. 389 | *Etudes d'économies sociales*, plusieurs fois citées.

de l'étranger, mais surtout de détourner l'attention des réformes qui diminuerait les énormes et innombrables privilèges fiscaux, douaniers ou autres que la féodalité financière, dont les juifs sont le savant « et habile » état-major, se fait constamment voter en excitant les querelles politiques, religieuses et autres.

Donc les naïfs, qui donnent dans l'anti-sémitisme, l'anticléricalisme, l'anti-protestantisme et autres anti-isme, font inconsciemment le jeu de la ploutocratie qu'ils prétendent combattre. Aberration déplorable qui est le résultat du trouble moral que l'enseignement de l'économisme officiel a répandu dans l'intellect de tous les français. On comprend dans quel but.

La sériculture sacrifiée de nouveau

Comme on l'a vu ci avant : par suite des efforts faits en 1891, par M. J. Reinach et ses amis, la sériculture fut mise hors du droit commun par le rejet des droits compensateurs qu'elle demandait sur les soies et cocons étrangers. Et, par la loi de janvier 1892 elle fut condamnée au régime des primes qui devaient permettre de continuer à faire du libre échange contre elle.

Les filateurs se trouvèrent assez bien de la prime exagérée de 400 francs par bassines filant des cocons français ou étrangers, qui leur fut accordée; mais les 0,50 par kilog de cocons qu'obtinrent les éducateurs n'empêchèrent pas leur ruine de s'aggraver et leur nombre de diminuer constamment.

La loi de 1892 sur les primes venant a expiration et ceux qui en avaient été les promoteurs manifestant l'intention de faire supprimer les primes, sans accorder les droits de douanes qu'elles avaient remplacé, les sériculteurs se réunirent à Avignon le 10 janvier 1897 sous la présidence de M. Bérenger assisté de tous les députés et sénateurs de la région et la résolution fut prise à l'unanimité de repousser les primes et de réclamer des droits de douanes seul moyen en effet de sauver la sériculture expirante.

A Valence ils allèrent exposer leurs doléances à M. Méline qui les écouta avec beaucoup d'attention et de sympathie ; mais qui ne voulut rien promettre sans consulter ses collègues, malgré les présentes sollicitations des sériculteurs qui conclurent en disant à M. le président du Conseil, nous voulons des droits et nous les aurons parce que nous ne voulonss pas mourir de faim.

Devant cette attitude énergique les importateurs de soie et soierie lyonnais et marseillais d'accord avec les filateurs créèrent un grand syndicat dit « *interdépartement pour la défense de la sériculture et* DU TRAVAIL NATIONAL ».

Des conférenciers pleins de bagoud parcoururent les départements séricoles et, reprenant la thèse de M. Reinach cherchèrent à persuader aux populations des Cévennes et de l'Ardèche que les primes leur vallaient mieux que les droits de douanes.

D'autre part, les représentants du dit syndicat allèrent pendant de longs mois assiéger, pour les éclairer, les pouvoirs publics et passer leur temps dans les antichambres, tandis que les représentants des sériculteurs y sont allés pendant huit jours à peine.

Projet de prorogation de la loi de 1892

Bref, le gouvernement, circonvenu comme toujours, a déposé un projet de loi accordant une prime de 0,60 par kil. de cocons aux éleveurs soit une augmentation de 0,10, accordant aux filateurs 400 francs par bassines filant des cocons français et 340 francs par bassines filant des cocons étrangers, soit une diminution de 60 francs sur la loi de 1892, pour la filature des cocons étrangers.

Que ces cocons entrent en franchise, c'est déjà énorme,

mais qu'on prenne dans la poche des contribuables français une aussi forte prime pour les engagers à venir se faire filer en France c'est un de ces combles trop nombreux dans nos lois de douane et qui prouvent l'urgence de changer les idées de nos législateurs par un enseignement économique plus national.

MM. Maurice Faure, Ducos, de Ramel, etc., ont présenté un contre-projet portant la prime aux cocons à 0,70, acceptant la prime de 400 francs aux bassines filant des cocon français et abaissant à 300 francs la prime aux bassines filant des cocons étrangers.

M. L. Jourdan de l'Ardèche a présenté un autre contre-s projet abaissant à 200 francs la prime aux cocons étrangers, ce qui est encore trop.

Un long et acharné débat se poursuit depuis plusieurs jours, à la Chambres, devant les banquettes vides, entre les défenseurs de la sériculture française et les défenseurs des importateurs lyonnais et marseillais, débat qui se terminera aujourd'hui 3 mars par l'adoption intégrale du projet de loi du gouvernement voté par une majorité qui ne connaissait guère la question et qui, en grande partie, n'a pas assisté aux débats, pratique condamnable qui disparaitrait avec la représentation professionnelle.

Nos félicitations les plus vives à MM. Maurice Faure, de Ramel, Ducos, L. Jourdan, Jaurès, etc., pour les prodiges d'éloquence et de logique qu'ils ont dépensés en vain dans ce grand débat; mais M. le rapporteur, le gouvernement et la majorité avaient leur siège fait et MM. J. Reinach, Aynard et Ch. Roux, ces rois actuels de la France, triomphent comme toujours.

Voilà la sériculture condamnée pour dix ans aux primes c'est-à-dire à une mort inévitable.

Les vrais et les faux fabricants lyonnais

LA DÉTRESSE DES OUVRIERS TISSEURS

Si la ruine de tout le Midi séricole avait profité aux ouvriers lyonnais, il n'y aurait que demi mal ; mais, comme les députés ont pu le voir dans une brochure qui leur a été disrtibuée il y a huit jours (1), les malheureux ouvriers de la Croix-Bonne en sont arrivés à des salaires de famine, de 0 fr. 90 à 1 fr. 25 par jour, réduits encore par de fréquents chômages.

Il faut qu'on sache bien qu'il y a à Lyon deux genres de fabricants : les uns qui ont leur métier à Lyon ou dans la région et qui réclament vivement contre l'arrangement franco-suisse, qui a abaissé de moitié le droit d'entrée sur les tissus de soie pure (2) ; les autres qui, pour avoir la main-d'œuvre à plus bas prix, ont transporté leurs métiers en Suisse, en Allemagne. en Italie, en Syrie et bientôt en Chine et au Japon et qui veulent que la frontière reste ouverte, pour pouvoir faire entrer leurs tissus en France et les réexpédier comme articles de Lyon (3). Ce sont ces faux fabricants lyonnais qui profitent seuls des primes, rançon onéreuse des droits de douane ; ce sont eux seuls qui profitent de la ruine des éleveurs de vers à soie et de la ruine tout aussi grande des ouvriers tisseurs de Lyon et de toute la France.

EUG. DE MASQUARD.

---

(1) Comment et pourquoi on ruine le tissage de la soie en France.

(2) Ces fabricants ont raison de demander le relèvement des droits sur les tissus de soie pure ; mais tant qu'ils seront assez aveuglement égoïstes pour réclamer la protection pour eux et le libre-échange pour les autres, ils risquent fort de ne rien obtenir. Encore une aberration, fruit de l'enseignement individualiste officiel.

(3) Pour plus amples détails, voir mes récents articles du *Paysan français*, sur le même sujet mes nombreuses brochures et mes anciens articles du *Moniteur des Soies* de Lyon, dont j'ai été un des collaborateurs assidus de 1850 à 1880 environ ; c'est-à-dire jusqu'au jour où un pouvoir occulte que je n'ai pas à nommer, signifia à cet important et dévoué organe de la sériculture, la défense de continuer à insérer mes articles.

Encore une preuve !

A Monsieur le Président

et Messieurs les Membres du Conseil municipal de Paris.

L'an dernier, pendant le séjour que je fais chaque année à Paris pour la session des Agriculteurs de France, j'eus l'honneur de remettre au bureau de votre prédécesseur 50 ou 60 exemplaires d'une brochure d'économie politique ; *Réponse d'un borgne à un aveugle* dont, par une lettre jointe, je priai le Conseil de vouloir bien accepter l'hommage gratuit.

Quel ne fût pas mon étonnement en recevant quelque temps après l'avis suivant :

« Sur le rapport de M. Vorbe, le Conseil a repoussé la « demande de subvention que vous lui avez adressée pour « une brochure d'économie politique ».

Je m'empressai de protester par une lettre adressée à M. le président du Conseil municipal, dans laquelle je disais : « M. Vorbe a commis une erreur inexplicable, ce n'est pas en quémandeur, mais en donateur que j'ai offert mes brochures au Conseil. Comme je le fais du reste depuis longtemps pour toutes les brochures que j'ai publié et que malgré mes très modestes ressources, j'adresse gratuitement par centaines aux Chambres, aux Ministères, à la presse, aux Conseils généraux et municipaux et en particulier au Conseil municipal de Paris, comme son honorable Président pourra s'en convaincre, soit en interrogeant ses collègues, MM. F. Fournier, G. Rouanet et autres, qui me connaissent de longtemps, soit en consultant la Bibliothèque du Conseil où mes œuvres doivent être nombreuses, si elles ont été conservées.

« M. le Président comprendra facilement qu'avec une pareille manière de faire, qui n'a pour mobile que la conscience de l'abîme où nous pousse l'enseignement anti-social que l'État laisse inconsciemment prêcher dans ses chaires, je ne puisse accepter, sans protester de toutes mes forces, la réputation de quémandeur besogneux que me ferait le vote du Conseil municipal, mal renseigné.

Je veux bien croire que l'honnorable M. Vorbe n'a pas voulu se donner la satisfaction platonique de dénigrer un adversaire, non de ce libre, mais de cet *injuste échange* cher à la plupart des Parisiens et qui consiste a demander la justice pour soi et l'injustice pour les autres, mais que son erreur est involontaire et que dès qu'il la connaîtra, il s'empressera de provoquer un vote de rectification, etc.
Je n'ai reçu aucune réponse.

Je ne garde aucune rancune de ce silence ni à M. Vorbe, ni au Conseil municipal et lors même la seule réparation que je veuille aujourd'hui *exiger* d'eux, c'est la lecture de ma nouvelle publication : Question du jour dont j'ai l'honneur de vous adresser une centaine d'exemplaires, ils y verront, pour les travailleurs des champs et plus encore pour ceux des villes, une partie des inconvénients du *dupe*, de *l'injuste-échange*, appelé machiavéliquement libre-échange et dont le résultat fatal a été de faire jouer au peuple le plus spirituel, mais le plus crédule de la terre, le rôle honteux du guillotiné par persuation.

Dans l'espoir que mon hommage gracieux sera accepté plus gracieusement cette fois,

Je vous prie d'agréer, M. le Président ainsi que vos honorables collègues, les salutations respectueuses et dévouées d'un vieux socialogue de village.

Eug. de Masquard.

Mars 1898.

Toast prononcé par M. de MASQUARD au banquet annuel de la « *Revue du Midi* » le 10 janvier 1898

Chers collaborateurs,

J'estime que notre banquet annuel doit nous fournir l'occasion de mettre à l'ordre du jour quelques-unes de ces grandes vérités qui vont à l'encontre des erreurs que les renards de la ploutocratie ont répandu dans le peuple pour mieux lui faire jouer le rôle de maître Corbeau.

Les sanctuaires de l'Inde reprochèrent au grand réformateur Zoroastre d'avoir dans sa synthèse intellectuelle établi deux principes contraires, un bon et l'autre mauvais Ormuzd et Ariman. « C'était transporter la notion du mal hors de son domaine qui est le libre arbitre de l'homme, dirent les Brahmes ».

Si je l'ai pris d'un peu haut, c'était pour mettre ce que j'avais à dire sous l'autorité de l'antique science dorienne, un peu trop dédaignée de nos jours. Et ce que j'ai à vous dire c'est que le créateur ne pouvait attacher à la terre comme un végétal celui qu'on appelle le roi des animaux puisque ses prétendus sujets avaient été doués de la faculté de locomotion; mais sachant dans sa préscience qu'il abuserait souvent de sa liberté contre lui-même, il crut prudent de l'entourer de garde-fous.

Ce sont ces garde-fous que, dans notre ingrate ignorance, nous prenons pour des calamités, pour des erreurs de la providence.

Et, en effet, rien n'est inutile, rien n'est nuisible dans la nature; le choléra, la peste, les révolutions, les puces, tout est utile.

Les puces obligent à des frictions énergiques et salutaires bien des gens qui, sans elles, ne songeraient pas à se les appliquer.

Les épidémies nous ramènent aux lois de l'hygiène que notre paresse est toujours disposée à violer.

Les révolutions font comprendre à notre égoïsme les avantages de la solidarité, de la recherche de cette justice sociale dont le Christ a dit : *et tout le reste vous sera donné par surcroît.*

On prétend que ventre affamé n'a pas d'oreille et moi je vous dit : ventre affamé a trop d'oreilles pour écouter ceux qui, en présence des iniquités sociales dont les travailleurs sont victimes, les poussent à des révolutions stériles qui, comme les guerres, ne peuvent profiter qu'à la féodalité financière cosmopolite.

Lorsqu'un peuple peut gagner honnêtement sa vie en travaillant, il ne songe jamais à se révolter, mais aujourd'hui, dans notre civilisation dite chrétienne, combien de malheureux ne trouvent pas à gagner leur vie, même par un de ces métiers malhonnêtes, si nombreux dans les grandes villes et pourtant si encombrés.

Tout est utile, dis-je, le plus petit des insectes a, dans la chaîne des êtres, un rôle fort important. Il y a des insectes partout, mais partout il n'y a pas des hommes, et là où il n'y en a pas, les choses n'en marchent pas plus mal.

Cependant cette miraculeuse machine qu'est l'homme, n'a pas pu être créée pour cette lutte pour la vie à laquelle il se livre avec une âpreté souvent bestiale, ni pour faire seulement du *circulus* comme l'a dit Pierre Leroux.

Le rôle de l'homme, et il ne peut en avoir de plus élevé, est d'admirer les œuvres du créateur et de cultiver la vertu, par vertu j'entends les vertus sociales dont l'amour du prochain est la plus importante, la plus utile ; ce rôle il le remplit fort mal, j'en conviens, — parce qu'on le lui a mal appris, — il faut mieux le lui apprendre.

Buvons donc, Messieurs, à ceux qui sauront mieux apprendre à l'homme son véritable rôle.

Les [illegible] obligent à des [illegible] et [illegible] sans [illegible] pas à [illegible]

[illegible]

Les révolutions [illegible] les avantages de la [illegible]

[illegible]

[illegible] les [illegible] des [illegible] les [illegible]

[illegible]

[illegible] les [illegible] de cultiver la [illegible] l'amour du [illegible] le plus utile [illegible] parce qu'il [illegible]

[illegible] donc, Messieurs, [illegible] apprendre à l'homme son véritable [illegible]

PRINCIPALES PUBLICATIONS DU MÊME AUTEUR

LES MALADIES DES VERS-A-SOIE et les Moyens de les prévenir........................ **1 fr. 75**

Médaille d'argent à l'Exposition des insectes (Paris, 4 septembre 1868). — Mention honorable à la Société d'Acclimatation (Paris, 19 février 1869). — Souscription du Ministre de l'Agriculture (6 janvier 1870). — Souscription d'un grand nombre de Sociétés agricoles. Au Moniteur des soies, Lyon.

ÉTUDE D'ÉCONOMIE SOCIALE, petits Pamphlets. 1 vol. in-12, 440 pages; — l'édition beau papier, 3 fr. 50, chez Chamuel, Paris; — l'édition populaire 2 fr. 50, chez l'auteur. Souscription du Ministre de l'Agriculture, (1891).

ÉTUDE DE SOCIOLOGIE PRATIQUE........ **0 fr. 60**
Extrait de la *Revue du Midi*, rare.

Réponse d'un Borgne à un Aveugle. réplique à M. E. Brelay........................ **0 fr. 50**

Dr MARRON

LA MICROBICULTURE ou l'art de devenir millionnaire en élevant des canards scientifiques.

A été traduit en plusieurs langues, a eu une quinzaine d'éditions en France. — Nouvelle édition en préparation.

Jacques BONHOMME

FUMISTERIES, Capitales et Capitalistes, rare. **0 fr. 20**

A été tiré, en diverses éditions, à plus de 30,000 exemplaires distribués gratuitement, ou envoyés franco aux députés, etc.

Jérémie BONHOMME

LES INÉGALITÉS DOUANIÈRES, leur influence sur la Loi d'airain du Salaire, rare.................. **0 fr. 60**

GRANDE IMPRIMERIE D'ARCUEIL, (J. Marcassin, Dr)
9, r. de Gentilly, Arcueil.

www.ingramcontent.com/pod-product-compliance
Lightning Source LLC
LaVergne TN
LVHW020257230826
846091LV00006B/2452

* 9 7 8 2 0 1 1 7 5 4 2 5 7 *